Cyw Bach

I Mami, Dadi, Cyw Mawr, Cyw Canol a Sgŵp
Gyda chariad bob amser,
Cyw Bach

Cyhoeddwyd gyntaf yng Nghymru yn 2026 gan Atebol Cyfyngedig, Adeiladau'r Fagwyr, Llanfihangel Genau'r Glyn, Aberystwyth, Ceredigion SY24 5AQ

Dyluniwyd gan Derek Bainton

Golygwyd gan Adran Olygyddol Cyngor Llyfrau Cymru

ISBN - 9781801065641

Dymuna'r cyhoeddwr gydnabod cymorth ariannol Cyngor Llyfrau Cymru

atebol.com

FSC www.fsc.org
CYMYSGEDD
Papur | Yn cefnogi coedwigaeth gyfrifol
FSC® C014540

Cyw Bach

Geiriau a Lluniau gan Derek Bainton

Dyma Dadi
Dyma Cyw Canol
Dyma Cyw Mawr
Dyma Mami

Dyma Cyw Bach.

Cyw Bach yw babi'r teulu.

Rydym ni i gyd yn caru Cyw Bach,
ac rydym ni'n ei gadw'n gynnes
pan mae'n oer,

yn oer pan
mae'n boeth,

ac yn gwylio
nad yw'n cael niwed...

pob amser!

Weithiau mae Cyw Bach yn ddireidus!
Ond mae hynny'n iawn,
achos rydym ni'n meddwl bod Cyw Bach...

...yn werth y byd.

Dyma'r unig Gyw Bach yn y cwt ieir.

Ond tu hwnt i'r cwt ieir,

mae pethau'n wahanol...

...ac yma, nid yw Cyw Bach yn teimlo'n arbennig o gwbl.

Mae cywion eraill ym mhobman!
Mae pob un yn wahanol.
Mae rhai wedi
gwisgo'n
smart iawn.

"Mae'r cywion yma
yn well na fi,"
mae Cyw Bach
yn meddwl.

Mae rhai cywion
yn cŵl

ac eraill yn swil.

“Rwy’n meddwl dy fod
ti’n werth y byd hefyd,”
mae Cyw Bach
yn sibrwd
wrth y cyw swil.

Waw!

"Rhaid mai'r cyw yma yw'r mwyaf arbennig ohonyn nhw i gyd!"

Mae Cyw Bach yn teimlo'n fach yng nghanol yr holl gywion eraill. Yn sydyn mae'n sylweddoli...

Aha!

"Cywion Bach ydym ni i gyd!!!

Ac rydym ni **BOB UN** yn werth y byd!"

"Mae gwybod hyn yn help i bawb fod yn ffrindiau,"
meddai Cyw Mawr.

Ar y ffordd yn ôl i'r cwt ieir
mae Cyw Bach yn gofyn,
"Ai Cyw Bach wyt ti, Cyw Mawr?"

"Mi oeddwn i ar un adeg... achos mae pawb
yn cael bod yn Gyw Bach yn ei dro."

“Roedd hyd yn oed Mami a Dadi’n gywion bach ar un adeg. Dyna sut mae cariad yn tyfu.”

“Fe ddysgi di hyn...”

...Yna, wrth i bawb setlo i gysgu,
Maen nhw'n clywed sŵn...

Cyn hir bydd cyw bach newydd yma
i'w fagu a'i drysori!